추 · 천 · 사

이 책은 저자의 목회적 여정과 제주라는 독특한 땅에서 쌓아온 깊은 영적 통찰을 생생하게 펼쳐 보인다. 제주 바람처럼 강렬하면서도 부드럽게, 교우들의 일상에 스며들며, 칼뱅의 '적응' 신학을 통해 이 땅에 맞는 복음의 언어를 새롭게 빚어냈다.

저자가 제주뿐 아니라 다른 곳에서 체득한 영적 여정들이 자연스럽게 녹아들어, 독자들은 평범한 순간에도 하나님의 세심한 손길을 발견하게 된다.

이 책은 단순한 기도 지침서가 아니라, 삶 속에서 하나님을 마주하게 하는 깊이 있는 동반자다. 바로 곁에서 '함께 가자'고 손 내미는 하나님을 만나는 기쁨을 독자에게 선사할 것이다.

송용원 교수
(장로회신학대학교 조직신학)

이 책은 각기 다른 상황과 도전 속에서 어떻게 하나님을 만나고, 그분의 인도하심을 경험할 수 있는 생생한 이야기로 가득합니다. '숨·비'라는 독특한 제목처럼, 이 책은 삶에 지치고 숨 막히는 순간마다 하나님이 주시는 새로운 생명의 숨결을 불어넣어 줍니다.

이 책은 단순히 영적 지침을 제시하는 것을 넘어, 독자들이 실제로 각자의 삶에서 하나님의 현존을 체험하도록 돕는 친밀한 동반자가 될 것입니다. 그리고 저자의 제주 목회 경험을 녹여낸 이야기로 매일의 삶이 어떻게 하나님과 깊은 동행이 될 수 있는지를 진지하게 성찰한 내용으로 가득 차 있습니다. '숨·비'를 통해 우리는 하나님이 여시는 새로운 문들을 발견하며, 그분의 따스한 손길이 우리의 일상에 여전히 살아있음을 깨닫도록 도울 것입니다.

김한수 목사
(한국NCD교회개발원 대표)

하나님 나라 숨·비

하나님 나라 **숨·비**

초판 1쇄 발행 2024년 10월 10일

지은이　　심상철
펴낸이　　김한수
출판국장　박민선

펴낸곳　　한국NCD미디어
등　록　　과천 제2016-000009호
주　소　　경기도 과천시 문원청계2길50 로고스센터 206호
전　화　　02-3012-0520
이메일　　ncdkorea@hanmail.net
홈주소　　www.ncdkorea.net

ISBN 979-11-91609-19-6 03230

copyright©한국NCD미디어 2024
Printed in Seoul, Korea

* 이 책은 한국NCD미디어가 저작권 계약에 따라 발행한 것이므로 본사의 협의없는 무단전재와 무단복제를 엄격히 금합니다.
* 잘못 만들어진 책은 구입처에서 교환해드립니다.

값 12,000원

하나님 나라의 풍성한 생명을 누리게 하는 40일간의 여정

하나님 나라
숨·비

심상철 지음

한국NCD미디어

목차

서문 ‖ 숨겨진 비밀 열쇠, 숨통 트이게 하는 비밀통로를 찾다

숨·비 바당 1 "생생"

_1일 ‖ 하늘 생기를 머금다

_2일 ‖ 죽은 것 같은 상황에서 다시 생명을 꽃 피우다

_3일 ‖ 하늘 생수로 해갈하다

_4일 ‖ 생생함을 유지하다

_5일 ‖ 모두가 사는 법을 배우다

숨·비 바당 2 "맛"

_6일 ‖ 하나님 나라의 불맛을 맛보다

_7일 ‖ 영적 자율주행을 만끽하다

_8일 ‖ 사면초가의 상황에서 출구를 찾다

_9일 ‖ 하나님이 열어 주신 문으로 들어가다

_10일 ‖ 하나님이 주신 지혜로 큰 일을 행하다

숨·비 바당 3 "길"

- _11일 ▎ 우왕좌왕에서 벗어나다
- _12일 ▎ 빙판길 가운데 길을 내어주시다
- _13일 ▎ 세상 한복판에서 '갓 길'을 걸어가다
- _14일 ▎ 생명의 길로 돌이키다
- _15일 ▎ 하나님 나라의 캘린더로 교체하다

숨·비 바당 4 "시선"

- _16일 ▎ 아름다운 사랑에 감격하다
- _17일 ▎ 하나님의 시각으로 태산을 재해석하다
- _18일 ▎ 단편이 아닌 장편의 시각으로 바라보다
- _19일 ▎ 용서의 용사로 우뚝서다
- _20일 ▎ 칠흑 같은 어둠속에서 광명을 누리다

숨·비 바당 5 "친밀"

_21일 ‖ 하나님의 손과 맞닿게 하다

_22일 ‖ 하나님께 업히다

_23일 ‖ 찌든 때를 씻어내다

_24일 ‖ 물 위를 걷는 것 같은 초자연적 삶에 도전하다

_25일 ‖ 주저앉은 자리에서 다시 일어서다

숨·비 바당 6 "도전"

_26일 ‖ 질그릇에 보배를 담고 살아가다

_27일 ‖ 하늘 아버지를 향해 입을 크게 열다

_28일 ‖ 넘사벽을 향해 활시위를 당기다

_29일 ‖ 재난 한복판에서 하늘 희망을 쏘다

_30일 ‖ 예물 된 삶을 살아내다

● QR코드를 스캔하시면 유튜브(youtube)동영상으로 참여하실 수도 있습니다.
유튜브 주소: 심오TV www.youtube.com/@sangchulshim3119

숨·비 바당 7 "회복"

_ 31일 ‖ 상처입은 치유자로 회복되다

_ 32일 ‖ 영적 초보를 탈피하다

_ 33일 ‖ 경건의 능력을 회복하다

_ 34일 ‖ 죽음의 바다에서 생명으로 부상하다

_ 35일 ‖ 견고하고 영원한 피난처 안에 머물다

숨·비 바당 8 "누림"

_ 36일 ‖ 끊임없이 밀려오는 사랑의 파도를 타다

_ 37일 ‖ 위로부터 공급해 주시는 것으로 살아가다

_ 38일 ‖ 하늘 슬기로 위풍당당하게 살아가다

_ 39일 ‖ 하늘 자원을 보존하다

_ 40일 ‖ 부르에 눌린 채로 살지 않고 부림을 누리며 살아가다

*바당: 제주어로 '바다'라는 뜻

서문

숨겨진 비밀 열쇠,
숨통 트이게 하는 비밀통로를 찾다

내가 천국 열쇠를 네게 주리니
네가 땅에서 무엇이든지 매면 하늘에서도 매일 것이요
네가 땅에서 무엇이든지 풀면 하늘에서도 풀리리라
(마태복음 16:19)

아무리 굳게 닫혀있는 사물함이라 할지라도 맞는 열쇠만 있다면 어느 때든지 사물함을 열어 필요한 것들을 꺼낼 수 있다. 닫혀있는 사물함은 열쇠를 사용해야 열린다. 열쇠를 접촉하거나, 열쇠를 넣어 돌리는 등 열쇠가 있어야 열린다. 예수님께서 이 세상에 오셔서 강조하셨던 것은 '하나님 나라'이다. 예수님께서 하나님 나라의 권세와 능력을 선포할 수 있는 천국 열쇠를 우리에게 허락해 주셨다.

유네스코가 인정한 제주의 자연유산 가운데 하나가 '해녀'이다. 해녀들이 바닷속에서 갖가지 해산물을 건져 올리는 일을 하면서 물속에서 참았던 숨을 물 위에서 한꺼번에 내쉬는 것을 **'숨비'**라고 한다. 우리가 이 세상에서 살면서 고난으로 인해 참았던 숨을 내쉬게 만드는 **'하나님 나라 숨·비'**를 하나님 나라의 문을 여는 '**숨**겨진 **비**밀 열쇠'라고 이름 지어 보았다. 그것은 미로와 같은 숨 막히는 삶의 현장에서 '**숨**통 트이게 하는 **비**밀통로'와 같은 역할을 해줄 것이다.

살아가면서 순간적인 통찰력을 얻었을 때 찍어 놓았던 사진들, 깨달음을 적어 놓았던 경건 일지들을 바탕으로 만들어진 이 책은 개인이나 교회 공동체가 **'하나님 나라**

숨·비'를 찾아 함께 떠나는 40일간의 행진을 하도록 준비해 보았다.

이 책이 더욱 빛나도록 특별한 작품 사진을 제공해 주신 분들, 영상 제작에 도움을 주신 미디어팀, 늘 든든한 목회의 후원자가 되어 주신 제주영락교회 성도님들, 당회원 그리고 지혜와 섬김으로 최고의 동역자가 되어 준 사랑하는 아내에게 감사드린다.

심상철 목사

〈영상으로 보기〉

QR코드를 스캔하시면 유튜브(youtube)동영상으로 참여하실 수도 있습니다.
유튜브 주소: 심오TV www.youtube.com/@sangchulshim3119

숨·비 바당 1

"생생"

하늘 생기를 머금다

여호와 하나님이 땅의 흙으로 사람을 지으시고
생기를 그 코에 불어넣으시니 사람이 생령이 되니라
(창세기 2:7)

제주의 관광 코스 가운데 하나가 흑돼지를 사육하는 곳을 둘러보는 것이다. 점심 메뉴로 흑돼지구이를 맛있게 먹고 성읍 민속마을에 있는 흑돼지 사육장에 갔을 때 흑돼지들이 우리를 보고 하는 말이 있다. "당신들이 우릴 잡아먹고 건강하게 천년만년 살 것 같지만 당신들도 다 때가 되면 '흙~되지'"

그렇다. 우리들의 출발이 흙이다. 너무 쉽게 부서지고 무너질 수밖에 없는 연약함을 깨달을 때 우리는 비로소 하나님께서 불어넣어 주시는 생기로 생령이 되어 살아갈 수 있음을 고백하게 된다. 이 사실을 에스겔 선지자를 통해서도 분명히 보여 주셨다. 하나님의 생기가 불어넣어질 때 골짜기의 마른 뼈 같은 우리들이 지극히 큰 하나님의 군대로 새롭게 일어설 수 있다는 말이다.

예수님께서 이 세상에 오셔서 흙덩어리에 불과한 사람들, 수많은 액세서리로 꾸며진 마네킹 같은 존재들에게 생기를 불어 넣으사 하나님 나라를 위한 '숨겨진 비밀병기'로 새롭게 하셨다. 하나님 없는 삶, 예수님을 모시지 않고 살아가는 삶의 종착역 이름이 '흙'이라는 사실을 깨닫고 하나님이 부어 주시는 생기를 날마다 머금고 사는 것이야말로 강력한 **'하나님 나라 숨·비'**이다.

#당신은 오늘 하루,

☐ 무기력하고 생명 없는 흙덩어리로 살았는가?

☐ 하나님이 불어 넣어 주신 생기를 머금은 생령으로 살았는가?

● 내가 발견한 하나님 나라 숨·비 감사 제목

_____

_____

_____

〈영상으로 보기〉

죽은 것 같은 상황에서 다시 생명을 꽃 피우다

나무는 희망이 있나니 찍힐지라도 다시 움이 나서
연한 가지가 끊이지 아니하며 그 뿌리가 땅에서 늙고
줄기가 흙에서 죽을지라도 물 기운에 움이 돋고
가지가 뻗어서 새로 심은 것과 같거니와
(욥기 14:7-9)

군산에 가면 큰 규모의 고즈넉한 호수공원이 있다. 수련회 중인 목사님들과 함께 호수공원 둘레를 걷다 산과 나무에 조예가 깊은 목사님 한 분이 발견한 나무에 시선이 모였다. 이 나무는 삼중고(병충해, 화재, 가뭄) 가운데서 죽다시피 했으나 다시 살아나기 시작하고 있다는 감동적인 설명을 듣게 되었다.

산전, 수전, 공중전을 통과하면서 죽음을 방불케 하는 상태에 이르렀던 욥이 찍히고, 공격받아, 죽을 것 같은 상황에서도 '희망'을 선포하고 새롭게 하심을 고백하고 있는 감동적인 말씀이 욥기 14장 7~9절에 기록되어 있다.

예수님의 빈 무덤을 바라보면서 묵상하고 고백할 수 있어야 한다. 대적자들에 의해 공격받고, 온몸이 너덜너덜해질 정도로 찢기고, 마침내 생명까지 골고다 언덕 제단 위에 내어놓고 무덤에 뉘었지만, 빈 무덤을 통해 부활의 새 생명을 안겨주셨기에 "새 희망을 꿈꾸며 새로운 탄생을 바라볼 수 있으리라!" 이것이야말로 강력한 **'하나님 나라 숨·비'**이다.

#당신은 오늘 하루,

☐ 죽을 것 같은 고난의 상황 속에서 절망한 채로 살았는가?

☐ 하나님께서 부어 주시는 새로운 희망을 꿈꾸며 살았는가?

● **내가 발견한 하나님 나라 숨·비 감사 제목**

_____

_____

_____

〈영상으로 보기〉

하늘 생수로 해갈하다

그러므로 형제들이 주께서 강림하시기까지 길이 참으라
보라 농부가 땅에서 나는 귀한 열매를 바라고
길이 참아 이른 비와 늦은 비를 기다리나니
(야고보서 5:7)

뉴질랜드에서 생활할 때 집에서 키웠던 식물 가운데 하나가 '스파트필름'이라는 이름을 가진 식물이다. 어느 해 휴가를 갔다가 집에 돌아오니 제때 물을 공급받지 못한 스파트필름 잎사귀들이 축 늘어져 있었다. 즉시 물을 공급해 주자 늘어져 있던 잎사귀들이 다시 기지개를 켜고 생명력 있게 살아나는 모습을 보는 것은 더 큰 기쁨이었다.

하나님께서 광야 같은 이 세상에서 고군분투하다 지쳐 쓰러져 있는 우리들을 위해 하늘 문을 여시고 부어 주시는 이른 비와 늦은 비를 공급받음으로 다시 날개를 펴고 비상할 수 있는 것이 아니겠는가! 인생 여정 곳곳에 준비해 두신 스프링클러가 작동되는 순간 광야에 꽃이 피는 놀라운 역사가 시작될 수 있는 것이다.

이스라엘 백성이 광야에서 직면했던 마라의 쓴 물이 우리에게도 종종 다가온다. 이때 마라의 쓴 물에 던져진 나무처럼 예수님의 십자가가 우리 인생 중심에 던져지면 쓴 물이 단물로 변화되는 은혜를 공급받을 수 있게 된다. 세상의 폭염에 축 늘어져 있던 우리들이 하늘 문을 여시고 뿌려 주시는 스프링클러로 다시 살아나는 삶이야말로 강력한 **'하나님 나라 숨·비'**이다.

당신은 오늘 하루,

☐ 하늘 생수를 공급받지 못해 축 늘어진 삶을 살았는가?

☐ 이른 비와 늦은 비의 하늘 생수로 인해 살아 움직이는 삶을 살았는가?

● 내가 발견한 하나님 나라 숨·비 감사 제목

_____

_____

_____

〈영상으로 보기〉

생생함을 유지하다

… 너희는 거룩하라
이는 나 여호와 너희 하나님이 거룩함이니라
(레위기 19:2)

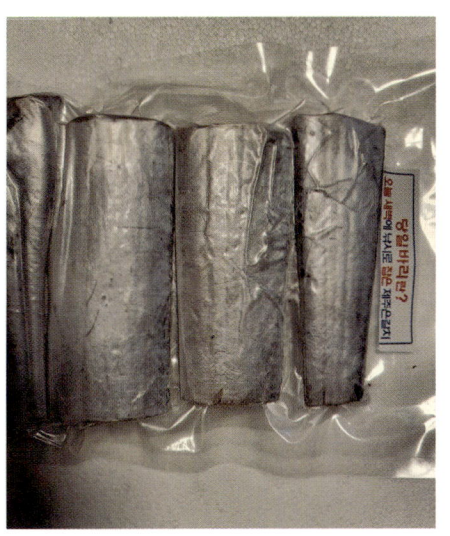

제주어는 재미있고 유용한 표현이 많이 있다. 바다의 생선과 관련된 표현 가운데 하나가 그것이다. 제주 바다에서 잡은 싱싱한 은갈치를 포장하고 그 위에 '당일바리'라는 스티커를 부착한다. 청정한 제주 바다에서 당일에 잡은 것이기 때문에 신선함을 유지하고 있는 생선이라는 의미이다.

하나님께서 이스라엘 백성에게 '거룩하라' 명령하시고 그것을 유지할 수 있는 다양한 방법을 가르쳐 주신 이유도 하나님의 백성이 '당일바리'와 같은 삶을 살 수 있도록 하기 위함이다. 그래서 우리는 먼바다에서 잡아 오는 동안 죽어 버린 청어와는 달리 살아 있는 청어처럼 가치 있는 존재들인 것이다.

예수님께서 우리를 세상의 빛과 소금이라고 정의해 주신 맥락에서 당일바리라는 말을 연관 지어 본다. 세상 사람이 다 부패해도 신선함을 유지하며 살아가는 삶, 세상이 아무리 어두워져도 어둠 속에서 영롱한 빛을 더욱 뿜어내는 보석 토파즈와 같이 살아가는 삶이야말로 강력한 **'하나님 나라 숨·비'**이다.

#당신은 오늘 하루,

☐ 세상의 빛과 소금의 정체성을 잃어 썩고 부패하고 냄새나는 삶을 살았는가?

☐ 하나님 나라 당일바리로써 생생함과 신선함을 풍기며 살았는가?

● 내가 발견한 하나님 나라 숨·비 감사 제목

_____

_____

_____

〈영상으로 보기〉

모두가 사는 법을 배우다

예수께서 힘쓰고 애써 더욱 간절히 기도하시니
땀이 땅에 떨어지는 핏방울 같이 되더라
(누가복음 22:44)

이스라엘 성지순례 때 겟세마네 동산에서 자라고 있는 올리브 나무에 대해 들은 이야기 가운데 인상적이었던 것은 올리브 나무는 서식지에 병충해가 발생해도 모든 올리브 나무가 병충해로 인해 초토화되지 않는다는 것이었다. 이유는 병충해를 처음 접한 올리브 나무가 그것으로 백신을 스스로 만들어 다른 나무에 뿌려주기 때문이라고 했다.

십자가를 지시기 전 '올리브기름을 짜던 틀'이라는 의미의 겟세마네 동산에서 모든 진액을 쏟으며 땀방울이 핏방울이 되도록 기도하셨던 예수님이 우리의 죄로 인한 모든 저주를 온몸으로 받아내고 우리에게 하나님 나라 생명의 백신을 공급해 주심으로 우리를 어둠의 나라에서 빛의 나라로 옮기셨다.

겟세마네 동산의 올리브 나무를 보면서 '너는 이러한 예수님을 그 옆에서 모두 지켜보았겠구나!'하는 생각이 들었다. 올리브 나무와 같으신 예수님 때문에 'All Live(올리브): 우리가 모두 살아날 수 있었다.'라는 묵상을 하게 된다. "예수님 때문에 나도 살고 너도 살고 우리 모두 살아날 수 있다는 고백"이야말로 강력한 **'하나님 나라 숨·비'**이다.

#당신은 오늘 하루,

☐ 무방비로 세상 죄악의 바이러스에 감염된 채로 살았는가?

☐ 예수님께서 전해 주신 하나님 나라 생명의 백신으로 보호받으며 살았는가?

● 내가 발견한 하나님 나라 숨·비 감사 제목

_____

_____

_____

〈영상으로 보기〉

숨·비 바당 2

"맛"

하나님 나라의 불맛을 맛보다

여호와여 내게 응답하옵소서 내게 응답하옵소서
이 백성에게 주 여호와는 하나님이신 것과
주는 그들의 마음을 되돌이키심을 알게 하옵소서 하매
이에 여호와의 불이 내려서 번제물과 나무와 돌과 흙을 태우고
또 도랑의 물을 핥은지라
(열왕기상 18:37-38)

전국에서 맛집으로 소문난 음식점들의 특징 가운데 하나가 음식에 특유의 '불맛'을 낸다는 것이다. 그냥 가열하여 조리한 음식보다 토치를 통해 불맛을 가미한 고기나 생선은 특유한 감칠맛을 내기 때문에 그 맛이 오랫동안 여운으로 남는다.

세상맛에 길들여져 하나님 품을 떠난 이스라엘 백성을 하나님 나라로 돌이키게 하려고 선지자 엘리야를 통해 보여 주신 것이 하나님 나라의 '불맛'이었다. 번제물 위에 여러 차례 물을 부어 불을 붙일 수 없는 상황에서 벌어진 불의 사건이었기에 갈멜산에서 보여 주신 '여호와의 불맛'은 참으로 강력했다.

예수님께서도 '내가 불을 땅에 던지러 왔노니'라고 누가복음 12장 49절에서 말씀하셨고, 성령님께서도 사도행전 2장 3절에서 '마치 불의 혀처럼 갈라지는'이라고 하면서 하나님 나라의 불맛을 보여 주셨다. 이에 따라 제자들은 활력을 얻어 그들이 맛본 하나님 나라의 불맛을 담대하게 지속적으로 전할 수 있었다. 이 땅에서 맛볼 수 있는 하나님 나라의 불맛이야말로 강력한 **'하나님 나라 숨·비'**이다.

당신은 오늘 하루,

☐ 세상맛에 길들여진 채로 살았는가?

☐ 하나님께서 보여 주신 하나님 나라의 '불맛'을 맛보며 살았는가?

● 내가 발견한 하나님 나라 숨·비 감사 제목

_____

_____

_____

〈영상으로 보기〉

영적 자율주행을 만끽하다

수고하고 무거운 짐 진 자들아 다 내게로 오라
내가 너희를 쉬게 하리라 나는 마음이 온유하고 겸손하니
나의 멍에를 메고 내게 배우라
그리하면 너희 마음이 쉼을 얻으리니
(마 11: 28~29)

제주를 방문하는 젊은이들이 꼭 한번 방문한다고 하여 '젊은이들의 성지'라고 불리는 곳 가운데 하나가 9.81 Park이다. 이곳을 아내와 함께 방문한 적이 있다. 경주용 자동차를 운전하는 엑티비티를 즐기는 곳인데 중요한 것은 차량을 운행하는 원리가 무중력을 이용한다는 것이다. 그래서인지 운전할 때 힘을 들이지 않아도 자연스럽게 차량이 운행되어 편안한 느낌이었다.

신앙 여정 가운데 육에 속하여 내 힘만 가지고 인생 자동차를 운행하려다 보면 계기판에 각종 경고등이 들어와 마침내 도로 한복판에 자동차가 멈춰버리는 '현타'에 직면할 수 있다. 예수님을 믿게 되었으나 옛사람을 벗어버리지 못한 육신에 속한 그리스도인, 여전히 자동차 핸들을 내가 잡고 있기에 절망과 두려움, 분노와 불안의 계기판에 위험 신호를 알리는 불이 깜빡인다.

예수님께서 이런 교착 상태에 빠져 방황하고 있는 우리를 향해 말씀하신다. "핸들을 붙들고 노심초사하느라 수고하고 무거운 짐 진 자들아, 네 인생의 핸들을 내게 맡기라 그리하면 자율주행 차량처럼 쉼을 얻으리라" 내 힘과 기술만 의지하고 살다가 하나님 나라의 기술과 힘으로 살아가는 것, 이것이야말로 강력한 **'하나님 나라 숨·비'**이다.

#당신은 오늘 하루,

☐ 인생 핸들 붙들고 주행하느라 두려움과 절망으로 주저앉은 삶을 살았는가?

☐ 하나님께 인생 핸들 맡기고 편안하고 안전한 삶을 살았는가?

● **내가 발견한 하나님 나라 숨·비 감사 제목**

_____

_____

_____

〈영상으로 보기〉

8일

사면초가의 상황에서 출구를 찾다

… 그의 이름을 솔로몬이라 하니라
여호와께서 그를 사랑하사 선지자 나단을 보내
그의 이름을 여디디야라 하시니
이는 여호와께서 사랑하셨기 때문이더라
(사무엘하 12:24~25)

교회당에 카페와 어린이 도서관을 만들기 위해 교회당 1층을 리모델링 하였다. 1층 천장의 석면을 제거하는 공사가 대대적으로 진행되었다. 이 과정에서 혹시나 석면 가루에 노출될까 봐 지나치리만큼 노심초사할 수밖에 없었다. 그러나 여러 겹 포장으로 가려져 있었기 때문에 안전했고 출구의 모습은 마치 부활하신 예수님의 빈 무덤 같아 보이기도 했다.

솔로몬이 다윗의 왕위를 승계하는 과정은 아도니야가 왕위를 찬탈하려는 쿠데타로 인해 순탄치 않았다. 열왕기상 1장 6절 말씀을 보면 아도니야는 다윗이 '네가 어찌하여 그리하였느냐'라는 말로 한 번도 그를 섭섭하게 한 일이 없을 정도로 완벽했다. 이런 위협적인 환경 속에서 연약했던 솔로몬이었지만 '하나님께서 그를 사랑하셨기 때문에' 그는 왕위를 계승할 수 있었다.

예수님께서 이 세상에 오셔서 참으로 연약한 우리가 '왕 같은 제사장'으로 하나님 나라의 그 권세와 능력을 계승할 수 있도록 해주셨으니 '은혜 위의 은혜'가 아닐 수 없다. 이에 따라 석면 같은 것들로 우리 삶이 포진되어 꼼짝달싹하지 못하는 환경 속에서도 우리는 반드시 새로운 출구가 준비되어 있다는 사실을 확신할 수 있다. 이것이야말로 강력한 **'하나님 나라 숨·비'**이다.

#당신은 오늘 하루,

☐ 석면으로 둘러싸인 것 같은 꼼짝달싹 못 하는 환경에 눌린 채로 숨 막힌 삶을 살았는가?

☐ 나를 사랑하신다고 말씀하시는 하나님이 예비하신 출구를 통해 참된 자유를 누리는 은총의 삶을 살았는가?

● 내가 발견한 하나님 나라 숨·비 감사 제목

_____

_____

_____

〈영상으로 보기〉

하나님이 열어 주신 문으로 들어가다

내가 또 다윗의 집의 열쇠를 그의 어깨에 두리니
그가 열면 닫을 자가 없겠고 닫으면 열 자가 없으리라
(이사야 22:22)

제주영락교회에 부임할 때 하나님께서 직접 체험케 하셨던 말씀이다. 모든 것이 막혀버린 상황에 하나님께서 기도의 동역자들을 통해 들려주신 말씀이 '다윗 집의 열쇠를 주관하시는 하나님이 여시면 닫을 자가 없으리라'라는 것이었다. 그때부터 이 말씀을 붙들고 기도했고 마침내 강추위로 하늘길도, 바닷길도 막혔던 추위를 뚫고 제주에 안착할 수 있게 되었다.

그래서 이사야 22장 22절 말씀을 토대로 쉽게 잘 기억할 수 있도록 만든 말이 '하개문불폐'이다. 다시 말해, "하나님이 문을 여시면 닫을 자가 없다."란 뜻이다. 그리고 이 문구를 서예에 조예가 깊으신 권사님 한 분이 써 주셨고 그것을 액자에 넣어 목양실에 걸어두고 수시로 바라보며 묵상하고 있다.

예수님께서 이 세상에 오셔서 이루어 주신 일 가운데 하나가 바로 이것이리라! 이 세상 사람들이 닫을 수 없는 하나님 나라의 문을 열어 주신 것, 그래서 이 땅에 발붙이고 살아가면서도 사도 바울의 고백처럼 수시로 하나님 나라를 오갈 수 있는 삶을 누릴 수 있는 것이야말로 강력한 **'하나님 나라 숨·비'**이다.

#당신은 오늘 하루,

☐ 내가 문을 열기 위해 애쓰며 살았는가?

☐ 하나님께서 열어 주시도록 맡기며 살았는가?

● **내가 발견한 하나님 나라 숨·비 감사 제목**

_____

_____

_____

〈영상으로 보기〉

10일

하나님이 주신 지혜로 큰 일을 행하다

이는 이제 교회로 말미암아 하늘에 있는 통치자들과 권세들에게
하나님의 각종 지혜를 알게 하려 하심이니
(에베소서 3:10)

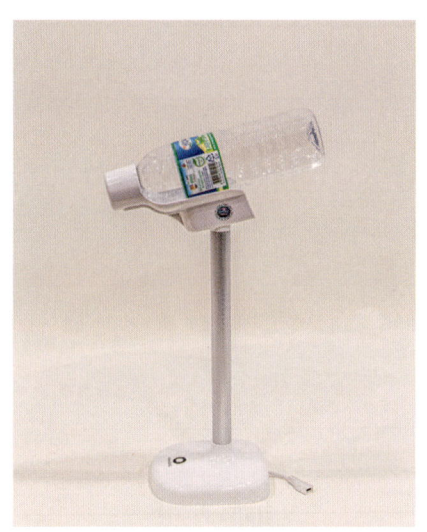

가습기 살균제로 인해 사람들이 목숨까지 잃게 되는 안타까운 상황을 접하게 된 집사님 한 분이 하나님께 기도했다. "하나님께서 주시는 하늘 지혜로 사람들에게 해롭지 않은 가습기를 개발할 수 있는 아이디어를 주십시오." 그 후 이분이 하나님께서 부어 주신 지혜로 세상에 선보여 세계적으로 엄청난 호응을 얻게 된 가습기가 탄생하였는데 이것이 바로 생수병을 꽂으면 가습이 되는 생수병 가습기 제품이다.

지혜의 근원인 하나님을 아버지로 모시고 살아가는 하나님의 사람들, 그들이 모인 공동체인 교회는 하나님의 각종 지혜를 이 세상에 펼쳐 보이는 통로이다. '하각지대사 - 하나님의 각종 지혜를 통해 하나님 나라의 대사로 큰일을 행하는 사람'이라는 문구로 만들어 이 성경 구절을 묵상하곤 한다.

구약성경 잠언에서는 예수님을 지혜로 묘사한다. 예수님을 구주로 영접하고 살아간다는 것은 하나님 나라의 각종 지혜를 공급받는 삶을 살게 되었다는 새로운 역사의 시작을 의미한다. 세상 지혜의 추종을 불허하는 '하나님 나라의 각종 지혜'를 공급받고 살아가는 삶이야말로 강력한 **'하나님 나라 숨·비'**이다.

#당신은 오늘 하루,

☐ 세상적인 내 지혜로 애쓰며 살았는가?

☐ 하나님께서 부어 주신 하나님 나라의 각종 지혜를 드러내며 살았는가?

● 내가 발견한 하나님 나라 숨·비 감사 제목

_____

_____

_____

〈영상으로 보기〉

숨·비 바당 3

"길"

우왕좌왕에서 벗어나다

느밧의 아들 여로보암의 모든 길로 행하여
그가 이스라엘에게 죄를 범하게 한 죄 중에 행하여
그들의 헛된 것들로 이스라엘의 하나님 여호와를
노하시게 하였더라 (열왕기상 16:26)

여호와 보시기에 정직하게 행하여
그의 조상 다윗의 길로 걸으며
좌우로 치우치지 아니하고 (역대하 34:2)

제주에는 '오름'이 많다. 어떤 통계에 따르면 오름이 365개여서 하루 한 개씩 오름을 오르면 1년이면 모든 오름을 정복할 수 있다고 한다. 오름을 가다 보면 길을 안내하는 다양한 표식을 발견할 수 있다. 이 표지판을 보면서 하나님께서 인정하신 다윗왕의 길과 하나님의 뜻에 역행했던 여로보암왕의 길을 생각해 보게 된다.

하나님께서 인정하셨기에 긍정적인 측면에서 반복적으로 등장하는 다윗의 길과 하나님께서 물리쳐야만 했던 부정적인 측면에서 반복적으로 등장하는 패역한 여로보암의 길의 근본적인 차이는 무엇일까? '자기 소견에 옳은 대로'를 걸었는가 아니면 '하나님의 뜻대로'를 걸었는가일 것이다.

예수님께서 이 땅에 오셔서 걸으셨던 길은 하나님의 뜻을 순종한 것에 대한 정수라고 할 수 있다. 왜 우리는 에너지와 시간을 들여 열심히 걸어도 목적지에 도착하지 못하고 지치기만 하는 것일까? 잘못된 이정표를 따라 걷기 때문이 아닐까? '여로보암의 길'로부터 속히 돌이켜 하나님께서 인정하시는 '다윗의 길'로 걸어가는 것이야말로 강력한 **'하나님 나라 숨·비'**이다.

당신은 오늘 하루,

□ '자신의 소견에 옳은 대로'를 활보하였는가?

□ '하나님의 뜻대로'를 따라 하나님과 동행했던 에녹의 삶을 살았는가?

● 내가 발견한 하나님 나라 숨·비 감사 제목

_____

_____

_____

〈영상으로 보기〉

빙판길 가운데 길을 내어주시다

보라 내가 새 일을 행하리니 이제 나타낼 것이라
너희가 그것을 알지 못하겠느냐
반드시 내가 광야에 길을 사막에 강을 내리니
(이사야 43:19)

뉴질랜드 크라이스트처치 지역은 좀처럼 눈이 오지 않는 도시인데 어느 해 폭설이 내렸다. 설상가상으로 한파가 몰아쳐 예배당으로 가는 진입로가 꽁꽁 얼어붙고 말았다. 이런 상태라면 다음날 새벽기도회에 나오는 분들이 미끄러질 수 있겠다는 생각이 들어 얼어붙은 길을 깨기 시작했다. 허리는 아팠고 손은 동상에 걸린 것처럼 차갑게 얼었다.

바로 그때 하나님께서 떠올려 주신 말씀이 이사야 43장 19절이었다. 하나님께서 행하시는 새 일은 길을 내시는 것이라는 말씀이다. 인생길 가운데 수많은 빙판길이 나를 실족시키려 도사리고 있었지만, 하나님께서 손수 그것들을 깨뜨려 주셨기에 오늘 내가 이렇게 건재할 수 있다는 감동이 몰려왔다. 그러자 새 힘이 솟아 마침내 빙판 사이에 길을 내는 일을 완성할 수 있었다.

예수님께서도 죄로 얼어붙은 이 세상 빙판길을 창에 허리 찔리시는 아픔과 손과 발에 못 박히신 고통을 감내하사 그 빙판길을 깨뜨리시고 새로운 생명의 길을 내어주셨다. 그러하기에 우리는 인생길이 아무리 꽁꽁 얼어붙어 있어도, 그 길에 미끄러져 넘어질 것 같은 두려움이 있어도 그 가운데 길을 내주시는 주님 손길 붙들고 나아갈 수 있는 이것이야말로 강력한 **'하나님 나라 숨·비'**이다.

#당신은 오늘 하루,

☐ 세상 빙판길에 미끄러져 실족한 채로 살았는가?

☐ 하나님께서 빙판길을 깨뜨리시고 내주신 길을 걸으며 살았는가?

● **내가 발견한 하나님 나라 숨·비 감사 제목**

_____

_____

_____

〈영상으로 보기〉

세상 한복판에서 '갓 길'을 걸어가다

지팡이를 들고 손을 바다 위로 내밀어 그것이 갈라지게 하라
이스라엘 자손이 바다 가운데서 마른 땅으로 행하리라
(출애굽기 14:16)

서울에서 사역했을 때 교회 여전도회에서 '단풍 구경'을 갔다가 차 사고가 났다는 소식을 듣고 현장으로 급파되었다. 평일 저녁 시간이라 교통체증으로 도로가 꽉 막혀 있어 2~3시간은 족히 소요될 상황이었지만 응급구조단의 사이렌 소리를 듣고 도로의 다른 차들이 길을 열어 주었기 때문에 1시간 내로 병원에 도착할 수 있었다. 모세의 홍해 기적이 일어난 것이다.

도로를 달리는데 고속도로 군데군데 '위험 - 갓길 없음'이라는 표지판을 볼 수 있었다. 그때 마음속에 이런 생각의 울림이 있었다. 그렇다. 세상 사람들은 갓길(God's way)이 없다고 생각하며 살고 있다면, 우리는 꽉 막힌 인생의 도로일지라도 하나님께서 홍해 가운데 마른 땅을 열어 주신 것처럼 갓길(God's way)이 있으니 이를 믿고 살아가야 한다는 것을 말이다.

길이요, 진리요, 생명 되신 예수님께서 이 세상에 오셔서 우리에게 하나님 나라로 진입할 수 있는 하나님 나라 생명의 길을 열어 주셨다. 우리는 이 길을 통해 살아계신 하나님께로 어느 때든지 나아갈 수 있는 사람들이다. 오늘도 꽉 막힌 인생 도로를 바라보며 답답해하는 것이 아니라 하나님의 길을 찾는 삶이야말로 강력한 **'하나님 나라 숨·비'**이다.

#당신은 오늘 하루,

☐ 하나님의 길이 없는 것처럼 나의 길, 세상 길을 걷느라 지친 삶을 살았는가?

☐ 하나님의 길이 있다고 믿고 선포하며 그 길을 열어가는 삶을 살았는가?

● **내가 발견한 하나님 나라 숨·비 감사 제목**

_____

_____

_____

〈영상으로 보기〉

생명의 길로 돌이키다

오라 우리가 여호와께로 돌아가자
여호와께서 우리를 찢으셨으나 도로 낫게 하실 것이요
우리를 치셨으나 싸매어 주실 것임이라
(호세아 6:1)

제주영락교회에 부임해 담임목사와 함께하는 부흥성회를 한 적이 있다. 그때의 주제 가운데 하나가 "참된 길로 돌아오라"였다. 도로 시스템이 반대로 되어 있는 나라에서 처음 운전하다 역주행으로 인해 사고가 일어나는 것을 보게 된다. 하나님 품을 떠나 하나님께 등을 돌리고 사는 것은 바로 이와 같은 고통이라는 사실을 선지자들을 통해 지속적으로 말씀해 주셨다.

도로를 주행하다 방향이 잘못된 것을 알았다면 즉시 U턴 표지판을 보고 돌아서야 한다. 그렇지 않으면 많은 시간과 에너지를 소진하고 후회막심한 삶을 살게 된다. 많은 순간 우리는 내가 아닌 내 주변 사람들이 돌이켜야 문제가 해결될 것으로 생각한다. 그런 우리에게 하나님께서 호세아 선지자를 통해 교훈하여 주신다. 다른 사람이 아니고 "유(you)~턴(turn)!"

예수님께서 이 세상에 오셔서 들려주셨던 강력한 메시지도 '회개하라: 돌이키라'였다. 참된 생명의 길이 되신 예수님께 돌이키라고 골고다 언덕 십자가를 통해 우리에게 친히 U턴의 표지판을 세워주셨다. 이 표지판을 바라보고 돌이킨 자들은 삶의 놀라운 변곡점을 맞이하게 된다. 이것이야말로 강력한 **'하나님 나라 숨·비'**이다.

#당신은 오늘 하루,

☐ 하나님께 등 돌리고 세상을 향해 역주행하며 살았는가?

☐ 세상 길에서 하나님께로 유턴하여 하나님 나라를 향해 행진하는 삶을 살았는가?

● 내가 발견한 하나님 나라 숨·비 감사 제목

_____

_____

_____

〈영상으로 보기〉

하나님 나라의 캘린더로 교체하다

때가 차매 하나님이 그 아들을 보내사 여자에게서 나게 하시고
율법 아래에 나게 하신 것은 율법 아래에 있는 자들을 속량하시고
우리로 아들의 명분을 얻게 하려 하심이라
(갈라디아서 4:4~5)

일식집에 식사하러 갔다가 스시초밥로 만든 시계가 눈에 들어왔다. 비록 우리가 인정하든 인정하지 않든 스시의 다양한 종류처럼 하나님께서는 우리들을 다양하게 쓰신다. 그런데 왜 우리는 이것을 실감하지 못할까? 그것은 우리 삶의 통제권을 왕이신 하나님께 온전히 이양하지 않았기 때문이다.

이런 측면에서 믿음이란 이전까지 내가 주관했던 인생 스케줄을 주님께 맡기는 것이다. 나를 드러내고 내 야망을 성취하기 위해 빼곡히 적어 놓은 인생 캘린더를 깨끗하게 지워버리고 그 자리에 하나님 나라와 그 영광을 드러내기 위한 일들로 다시 적어 넣는 것이 참된 믿음의 행위이다. 이런 결단이 우리 삶을 변화시키는 동력이 된다.

예수님도 '때가 차매' 이 세상에 오셨다. 그리고 하나님 나라의 스케줄과 캘린더가 무엇인지를 친히 보여 주셨다. 처음에 그것을 잘 이해하지 못했던 제자들이 그것을 깨닫고 실행했을 때 하나님 나라의 권세와 영광이 온 세상에 선포될 수 있었다. 하나님께서 준비하신 밀물의 때가 반드시 존재한다고 믿고 살아가는 삶이야말로 강력한 **'하나님 나라 숨·비'**이다.

#당신은 오늘 하루,

☐ 하나님의 때를 인정하지 않고 여전히 크로노스 안에서 내 캘린더와 스케줄에 집착하며 살았는가?

☐ 하나님의 때를 인정하는 카이로스 안에서 하나님 나라의 캘린더와 스케줄을 실천하며 살았는가?

● **내가 발견한 하나님 나라 숨·비 감사 제목**

_____

_____

_____

〈영상으로 보기〉

숨·비 바당 4

"시선"

16일

아름다운 사랑에 감격하다

네가 내 눈에 보배롭고 존귀하며
내가 너를 사랑하였은즉 …
(이사야 43:4)

원예에 조예가 깊은 집사님으로부터 꽃을 선물 받았다. 꽃 이름을 몰라 노란색과 빨간색과 초록색이 함께 어우러진 삼색 미를 나타내 '삼겹 줄' 꽃이라 나름 불렀는데 나중에 알고 보니 '아부틸론'이라는 이름의 꽃이었다. 이 꽃을 보자 시인 김춘수의 '꽃'이라는 시가 떠올랐다. "너는 나에게로 와서 꽃이 되었다."

하나님께서 이사야 선지자를 통해 우리에게 들려주시는 사랑의 메시지도 이러했다. 우리들이 하나님의 눈에 넣어도 아프지 않을 사랑, 귀염둥이라고 말이다. 우리들이 하나님 보시기에 어떻게 이렇게 아름다운 존재가 될 수 있었을까? 솔로몬이 술람미 여인을 바라보았던 그 사랑의 눈으로 우리들을 바라봐 주시기 때문이 아닐까?

예수님께서 골고다 언덕에서 흘리신 보혈의 샘물로 우리들을 씻기시고, 거룩하고 아름다운 세마포 옷을 입혀 주셨다. 우리 역시 하나의 꽃이 피었다 지면 이내 새로운 꽃으로 다시 아름답게 피어나 사시사철 아름다운 꽃을 피우는 아부틸론처럼 '하나님 보시기에 아름다운 존재로 보인다.'라는 이 사실이야말로 강력한 **'하나님 나라 숨·비'**이다.

#당신은 오늘 하루,

☐ 하나님께서 나를 보실 때 눈살을 찌푸리신다고 생각하며 살았는가?

☐ 하나님 보시기에 눈에 넣어도 아프지 않은 존재라고 생각하며 살았는가?

● 내가 발견한 하나님 나라 숨·비 감사 제목

_____

_____

_____

〈영상으로 보기〉

하나님의 시각으로
태산을 재해석하다

보라 내가 너를 이가 날카로운 새 타작기로 삼으리니
네가 산들을 쳐서 부스러기를 만들 것이며
작은 산들을 겨 같이 만들 것이라
(이사야 41:15)

이민 목회의 낯선 환경에서 몸도 마음도 지쳐 예배당에 앉았는데 기도조차 나오지 않아 푸념 섞인 말로 탄식했다. "하나님! 이 형편이 무엇인가요? 이러시려고 저를 이곳까지 인도하셨나요?" 그런데 바로 그때 하나님께서 내게 깨달음을 주셨다. "사랑하는 아들아, 네 눈에는 태산처럼 보이지만, 내 눈에는 꼬깔콘(스낵 이름)처럼 보인다."

　그렇다. 하나님은 초라하고 볼품없는 정체성으로 인해 아무것도 아닌 존재로 주눅 들어 있는 이스라엘 백성에게 이사야 선지자를 통해 말씀해 주셨다. 이처럼 우리 앞을 가로막고 있는 태산도 전능하신 하나님께서 손으로 만지시는 순간 그 안에서 꼬깔콘 스낵처럼 산산조각이 나서 부스러기가 되어 흔적도 없이 사라지게 됨을 얼마나 많이 경험하였던가!

　예수님께서 이 세상에 오셔서 내 힘으로 해결하기 버거운 태산 같은 문제에 짓눌려 살아가는 사람들에게 찾아가 그 모든 태산을 부스러기가 되게 하셨다. 한 걸음 더 나아가 그 태산을 푹 뜨셔서 하나님 나라의 자산으로 사용하셨다. 산 넘어 산, 태산준령을 만날지라도 이 약속의 말씀 붙들고 마침내 목적지를 향해 나아갈 수 있는 삶이야말로 강력한 **'하나님 나라 숨·비'**이다.

#당신은 오늘 하루,

☐ 태산 같은 문제에 짓눌린 채로 살았는가?

☐ 하나님의 손안에서 태산이 과자 부스러기처럼 사라진 것을 체험하며 살았는가?

● 내가 발견한 하나님 나라 숨·비 감사 제목

_____

_____

_____

〈영상으로 보기〉

단편이 아닌 장편의 시각으로 바라보다

보라 이런 것들은 그의 행사의 단편일 뿐이요
우리가 그에게서 들은 것도 속삭이는 소리일 뿐이니
그의 큰 능력의 우렛소리를 누가 능히 헤아리랴
(욥기 26:14)

교회 1층에 어린이들과 부모를 위한 '드림 도서관'을 개관하였다. 전문적인 지식과 실전 경험이 있으신 권사님의 헌신과 자원봉사자들의 도움으로 도서 분류법에 따라 책을 진열하였다. 그 가운데는 단편도 있고 시리즈물 장편도 있다.

하나님께서는 욥을 통해 우리 인생 가운데 행하시는 하나님의 역사를 단편물이 아닌 장편물로 바라볼 것을 권면하고 계신다. 개구리가 우물 안에서 바라본 하늘이 전부가 아니듯이 현재 내 눈에 보이는 것으로 하나님의 능력을 단정 짓지 말고 하나님을 향해 주파수를 맞추고 다음 장에 하나님께서 준비하신 반전의 스토리를 기대할 수 있어야 한다.

예수님으로 인해 사도 바울이 고백한 "내게 능력 주시는 자 안에서 내가 모든 것을 할 수 있느니라"(빌립보서 4장 13절)는 말씀이 우리의 고백이 되어야 한다. 우리의 자원이 아닌 전능자이신 하나님의 지혜와 권능을 풀어내는 삶을 살 수 있어야 한다. 우리의 자원 안에 파묻혀 살지 않고 하나님의 풍요로우심에 관심을 집중하는 것이야말로 강력한 **'하나님 나라 숨·비'**이다.

#당신은 오늘 하루,

☐ 단편의 결론에 갇혀 살았는가?

☐ 전능하신 하나님의 장편에 감추어진 반전을 기대하며 살았는가?

● 내가 발견한 하나님 나라 숨·비 감사 제목

_____

_____

_____

〈영상으로 보기〉

19일

용서의 용사로 우뚝서다

누가 누구에게 불만이 있거든 서로 용납하여 피차 용서하되
주께서 너희를 용서하신 것 같이 너희도 그리하고
(골로새서 3:13)

장로회 신학 대학교 성지 답사연구원에서 주관한 사도 바울이 걸었던 선교의 길인 '튀르키예', '그리스', '로마'를 따라 순례하는 기회를 누리게 되었다. 그 여정 가운데 '골로새'와 콜로세움의 '콜로세'가 같은 단어라는 사실을 알게 되었다. 그리고 그 뜻은 '위대함'과 관련된 표현임도 새롭게 알게 되었다.

골로새교회 빌레몬에게 큰 손해를 입힌 오네시모를 용서해 달라고 요청했던 사도 바울의 권면을 받아들여 참된 용서를 실천한 이야기가 담긴 지역이 골로새였다. 그리스도인을 향한 수많은 핍박이 가해졌던 콜로세움을 바라보며 '누가 위대한 하나님 나라의 용사일까?'라는 질문을 던져 보았다. 그리고 '용서를 실천하는 사람'이라고 골로새교회의 빌레몬을 떠올리며 대답했다.

예수님도 참된 용서가 무엇인지를 보여 주심으로 하나님 나라의 위대함을 선포해 주셨다. '아버지 저들을 사하여 주옵소서' 누가복음 23장 34절 말씀은 위대한 용서의 극치였다. 주님께 일만 달란트 빚을 탕감 받았다고 고백하면서도 백 데나리온의 작은 잘못도 용서해 주지 못하는 삶에서 용서의 위대함을 드러내는 것이야말로 강력한 **'하나님 나라 숨·비'**이다.

#당신은 오늘 하루,

☐ 지난날 응어리진 미움의 돌덩어리로 가슴을 막은 채 답답하고 초라한 삶을 살았는가?

☐ 예수님이 가르쳐 주시고 친히 보여 주신 용서를 실천하는 위대함을 드러내며 살았는가?

● **내가 발견한 하나님 나라 숨·비 감사 제목**

_____

_____

_____

〈영상으로 보기〉

칠흑 같은 어둠속에서 광명을 누리다

우리가 사방으로 우겨쌈을 당하여도 싸이지 아니하며
답답한 일을 당하여도 낙심하지 아니하며
박해를 받아도 버린 바 되지 아니하며 거
꾸러뜨림을 당하여도 망하지 아니하고
(고린도후서 4:8~9)

사도 바울의 선교 길을 순례하면서 말로만 듣고 인용했던 카타콤에 이르게 되었다. 단체로 예배드리는 1층 공간을 다른 팀이 사용하고 있었다. 다행히 우리는 가이드 해 주신 분이 현지 실무자와 잘 아는 사이라 초대교회 성도들이 실제로 모여 예배드리고 성찬 예식을 행했던 바로 그 장소에서 성찬 예식을 진행하는 은혜를 누릴 수 있었다.

그곳에서 성찬 예식을 집례하면서 "평생 빛 한번 보지 못하고 냄새나는 무덤이지만 기쁨으로 신앙의 순결을 지킬 수 있었던 힘은 무엇이었을까?"라는 질문을 해 보았다. 그 대답은 바로 생명의 빛이요, 우리들의 신랑이신 예수 그리스도와의 친밀한 교제 때문이라는 확신에 찬 답을 얻을 수 있었다.

성찬 예식의 마지막 부분에 "주님이 마신 고난의 쓴 잔을 우리도 감사하며 받으리"라는 고백을 드렸다. 기독교가 공인되면서 지상으로 올라와 편안해지기는 했지만, 대부분의 사람이 주님만 바라보았던 순수한 신앙은 잃어버리고 말았다. 삶이 아무리 어둡고 답답해도 카타콤의 신앙으로 하늘 기쁨과 생명을 누리며 살아가는 삶이야말로 강력한 **'하나님 나라 숨·비'**이다.

#당신은 오늘 하루,

☐ 눈에 보이는 세상의 화려함에 한눈팔고 마음 뺏겨
　생명의 주 예수님을 잊고 살았는가?

☐ 우리의 영적인 눈을 뜨게 하시고 영원한 생명의
　교제를 허락하신 주님과 친밀함을 누리며 살았는가?

● 내가 발견한 하나님 나라 숨·비 감사 제목

_____

_____

_____

〈영상으로 보기〉

숨·비 바당 5

"친밀"

하나님의 손과 맞닿게 하다

예수께서 다시 크게 소리 지르시고 영혼이 떠나시니라
이에 성소 휘장이 위로부터 아래까지 찢어져 둘이 되고 …
(마태복음 27:50~51)

교회 어린이들을 위한 버블쇼에서 비눗방울로 갖가지 신기한 장면이 연출되었다. 어린아이를 머리끝에서 발끝까지 비눗방울로 덮어 마치 그 안에 갇혀 있는 것과 같은 진기함도 있었지만 가장 큰 교훈은 공중에 떠다니는 비눗방울을 우리들이 만지면 터져 버리는데 강사분이 만지면 터지지 않았다. 그 이유를 묻자, 비눗방울이 묻어 있는 손으로 만져야 터지지 않고 유지된다는 것이었다.

우리 삶도, 교회 안에서 행해지는 사역도 하나님의 손길과 맞닿아 하나님 손맛을 경험한 손으로 수행되어야 그 참된 능력과 놀라운 맛이 그대로 보존될 수 있다. 그렇지 않으면 하나님의 이름으로 시작했다가 인간적인 결과를 낳게 되어 창조 이전의 혼돈과 실망, 갈등의 쓴 열매를 맺게 된다.

예수님께서 십자가에서 죽으실 때 성전의 휘장을 찢으심으로 떨어지고 분리되어 있던 하나님 아버지의 손과 우리 손을 다시 맞닿게 해 주셨다. 이 손에 붙들려 살아갈 때 우리는 세상이 감당치 못하는 사람들로 그들을 이 안에 품을 수 있게 될 것이다. 하나님의 손과 우리 손을 맞닿게 하며 살아가는 삶이야말로 강력한 **'하나님 나라 숨·비'**이다.

#당신은 오늘 하루,

☐ 하나님의 손길을 뿌리친 채로 상처와 실망으로 얼룩진 열매를 맺는 삶을 살았는가?

☐ 하나님의 손길에 붙들려 맛있고 영양가 있는 열매를 맺는 삶을 살았는가?

● 내가 발견한 하나님 나라 숨·비 감사 제목

_____

_____

_____

〈영상으로 보기〉

하나님께 업히다

… 내가 너희를 품을 것이라. 내가 지었은즉 내가 업을 것이요
내가 품고 구하여 내리라
(이사야 46:4)

그림 출처: 신협 〈어부바 인형〉

제주영락교회는 오래전부터 지역의 어려운 주민을 돕기 위해 제주신용협동조합을 개설했다. 시작은 매우 적은 출자금이었지만 지금은 엄청나게 성장했다. 그 신협을 상징하는 조형물은 엄마 돼지가 아기 돼지 세 마리를 등에 업고 있는 모습인데 이 조형물을 보고 있으면 어린 시절 읽었던 동화 '아기 돼지 삼 형제'의 추억을 새록새록 돋아나게 한다. 그러면서 떠올린 말씀이 이사야 46장 4절 말씀이다.

　하나님 아버지는 자녀 된 우리들이 이 세상에서 지쳐 기운을 잃고 쓰러지려 할 때 우리를 그냥 두시지 않고 어부바해 주심으로 우리들이 지탱하고 보존되게 해 주신다. 뉴질랜드에서 높은 산을 성도들과 함께 등산한 적이 있다. 그중에서 갓 4살 된 어린아이가 산꼭대기에 오르는 것에 성공했다. 어떻게 가능했겠는가? 함께 했던 아버지가 어부바했기 때문에 가능한 일이었다.

　예수님도 지쳐서 쓰러지려는 우리들을 골고다 언덕 십자가를 통해 친히 어부바하사 우리들이 하나님 나라 정상까지 오를 수 있도록 역사해 주셨다. 어린 시절 포대기에 쌓아 어부바해 주신 어머니처럼 우리들을 어부바해 주신 삼위일체 하나님을 우리 인생 나룻배의 '4공 - 공유, 공감, 공급, 공동'으로 모시고 살아가는 것이야말로 강력한 **'하나님 나라 숨·비'**이다.

#당신은 오늘 하루,

☐ 인생의 무게가 너무 버거워 지쳐 쓰러진 채로 살았는가?

☐ 하나님 아버지께 어부바하여 쉼과 회복을 누리며 살았는가?

● **내가 발견한 하나님 나라 숨·비 감사 제목**

_____

_____

_____

〈영상으로 보기〉

23일

찌든 때를 씻어내다

날마다 우리 짐을 지시는 주
곧 우리의 구원이신 하나님을 찬송할지로다
(시편 68:19)

집사님 한 분이 자녀들이 원해 '마운트 미노'라는 물고기 4마리를 키우기 시작했는데 결국 한 마리만 살아남게 된 상태에서 가족여행을 떠났다. 5주라는 긴 시간이었기에 죽어 있을 것이라는 생각과 달리 물고기는 살아 있었다. 수족관을 깨끗이 청소하면서 물고기 한 마리처럼 보잘것없는 자신의 생명도 보호하시는 하나님 아버지의 사랑을 깨닫게 되었다는 것이다.

마치 어린아이들이 밖에서 놀다가 흙먼지를 뒤집어쓰고 돌아왔을 때 깨끗이 씻겨 주는 어머니처럼 이 세상에서 죄로 더러워진 우리들을 날마다 씻겨 주시는 하나님을 향하여 시인은 날마다 우리 짐을 지시는 구원의 하나님이라고 고백했다. 일 년에 한 번, 한 달에 한 번, 일주일에 한 번이 아니라 '날마다' 우리 짐을 지시는 하나님을 찬송하지 않을 수 없던 것이리라!

십자가를 지시기 전 더러워진 제자들의 발을 친히 씻겨 주셨던 예수님께서 우리를 흠도 티도 없는 신부로 만들기 위해 생명을 주시고 보혈의 샘에서 날마다 우리를 정결케 하여 주시기 때문에 죄에 찌들고 절여져 더럽고 추한 삶을 살았던 우리가 날마다 신선하고 상큼한 삶을 누릴 수 있게 되었다는 것이야말로 강력한 **'하나님 나라 숨·비'**이다.

#당신은 오늘 하루,

☐ 우리를 씻겨 주시겠다는 예수님 앞에서 베드로처럼 그것을 거부하는 삶을 살았는가?

☐ 있는 모습 그대로 온전히 정결하게 되어 나아만처럼 거듭난 삶을 살았는가?

● 내가 발견한 하나님 나라 숨·비 감사 제목

_____

_____

_____

〈영상으로 보기〉

물 위를 걷는 것 같은 초자연적 삶에 도전하다

베드로가 대답하여 이르되 주여 만일 주님이시거든
나를 명하사 물 위로 오라 하소서 하니 오라 하시니
베드로가 배에서 내려 물 위로 걸어서 예수께로 가되
(마태복음 14:28-29)

제주 해변을 거닐다 보면 바다에서 각종 레저를 즐기는 광경을 볼 수 있다. 그 가운데 단연 눈길을 사로잡는 것은 '수상 스키'를 타는 사람이다. 물살을 가르며 전진하면서 무더위를 한순간에 날려 버리는 광경을 보고 있노라면 마음속까지 시원해지는 것 같다. 이런 수상 스키를 타는 사람을 보면서 물 위를 걸어 예수님께로 다가갔던 베드로를 떠올려 보게 된다.

일반 상식으로 보면 베드로는 상당한 무리를 감행하여 물 위를 걸을 수 있었다. '물에 빠지면 어떡하지?', '그러다가 죽음을 자초할 수도 있는 무모한 행동 아닐까?' 베드로는 이런 생각들에 묶여 있지 않았고 오라 하시는 예수님만 바라보고 나아갔다. 이처럼 우리 인생의 신앙 여정에서도 예수님만 바라보고 예수님의 말씀에 순종하다 보면 초자연적인 일들을 경험하게 된다.

은혜로운 찬양 '나는 믿네'라는 가사 한 대목이 늘 가슴 깊이 파고든다. "내가 겪는 시험이 어렵고 힘겨워도 내 주님보다 크지 않네. 내 앞의 바다가 갈라지지 않으면 주가 나로 바다 위 걷게 하리" 한쪽 문이 닫히면 더 많은 기회의 다른 쪽 문이 준비되어 있음을 바라보고 믿음의 모험을 감행하는 삶이야말로 강력한 **'하나님 나라 숨·비'**이다.

#당신은 오늘 하루,

☐ 세상 시험의 물결에 휩쓸려 침몰한 채로 살았는가?

☐ 예수님만 바라보며 시험 물결 위를 걷는 묘미를
만끽하며 살았는가?

● 내가 발견한 하나님 나라 숨·비 감사 제목

_____

_____

_____

⟨영상으로 보기⟩

주저앉은 자리에서 다시 일어서다

베드로가 이르되 은과 금은 내게 없거니와
내게 있는 이것을 네게 주노니
곧 나사렛 예수 그리스도의 이름으로 일어나 걸으라 하고
(사도행전 3:6)

어느 날 정차된 '견인차'Wrecker의 후방을 주시하다 그 모양이 마치 십자가와 유사하다는 것을 발견하게 되었다. 사고로 도로에 주저앉아 더 이상 달릴 수 없는 차들을 견인차가 정비소까지 견인해 다시 달릴 수 있게 하는 것처럼 복잡하게 얽혀있는 삶의 사고 현장에서 우리들을 다시 일으켜 세우시는 하나님의 따스하고 강력한 손길을 느끼게 된다.

나면서부터 걸을 수 없었기 때문에 성전 미문 앞에 앉아 평생을 구걸하며 살았던 사람을 일으켜 세우며 선포했다. "은과 금은 내게 없거니와 내게 있는 것으로 내게 명하노니 곧 나사렛 예수 그리스도의 이름으로 일어나 걸으라!" 사도행전 3장 6절에 기록된 베드로의 이런 외침은 오늘 우리들을 통해 계속돼야 한다.
To Be Continued!

예수님은 이 땅에서 주저앉아 있는 수많은 사람을 다시 일으켜 세우셨다. 깊은 감동과 새 힘을 얻게 하는 찬양의 한 가사 "일어나 걸어라 내가 새 힘을 주리니 일어나 너 걸어라 내 너를 도우리"처럼 주님은 지금도 친히 말씀하시며 역사해 주신다. 승천하신 예수님이 맡겨 주신 하나님 나라 견인차로써 쌩쌩 살아가는 삶이야말로 강력한 **'하나님 나라 숨·비'**이다.

#당신은 오늘 하루,

☐ 인생 도로에 주저앉은 채로 발만 동동 구르며 살았는가?

☐ 견인하여 주신 하나님 권능의 손길에 끌려 다시 일어나 힘차게 질주하는 삶을 살았는가?

● 내가 발견한 하나님 나라 숨·비 감사 제목

_____

_____

_____

〈영상으로 보기〉

숨·비 바당 6

"도전"

질그릇에 보배를 담고 살아가다

우리가 이 보배를 질그릇에 가졌으니
이는 심히 큰 능력은 하나님께 있고
우리에게 있지 아니함을 알게 하려 함이라
(고린도후서 4:7)

전교인 운동회 때 순서지에 행운 번호를 써서 나누어 드렸다. 아무것도 아닌 하찮은 종이 한 장이었지만 모든 성도가 소중하게 그 종이를 간직한다. 그것은 쌓여 있는 경품 때문이었다. 경품 추첨에 당첨한 분들을 보니 하찮은 종이 한 장이 노트북으로 교환되고, 금 3돈으로 만든 황금 열쇠로 바뀌고, 스마트 TV가 집에 설치되는 놀라운 일들이 벌어지는 것을 볼 수 있었다.

 사도 바울을 통해 우리에게 들려주시는 고린도후서 4장 7절의 말씀도 이런 맥락에서 큰 은혜로 다가왔다. 우리는 종이 한 장으로 비유할 수 있는 질그릇같이 하찮고 아무것도 아닌 존재였지만 우리가 보배로운 존재로 바뀌고 변화된 삶을 누리게 된 것은 오로지 예수 그리스도를 우리 안에 모심으로 가능하게 된 일이었다.

 예수님 때문에 동화 속에서나 볼 수 있는 아름다운 이야기가 우리 삶의 현실이 되었다는 이 사실을 온전히 깨닫게 될 때 우리는 이 모든 것이 하나님의 능력이요, 크신 은혜임을 알고 감사할 수 있게 된다. 비록 우리의 삶은 이 땅의 운동장에서 경기하지만, 하늘 상을 바라보면서 푯대를 향해 달려가는 삶이야말로 강력한 **'하나님 나라 숨·비'**이다.

#당신은 오늘 하루,

☐ 스스로를 종이 한 장이요, 질그릇에 불과한 존재로
   여기며 살았는가?

☐ 보배인 예수님을 모시고 살아가는 소중한 존재로
   여기며 살았는가?

● **내가 발견한 하나님 나라 숨·비 감사 제목**

_____

_____

_____

〈영상으로 보기〉

하늘 아버지를 향해 입을 크게 열다

나는 너를 애굽 땅에서 인도하여 낸 여호와 네 하나님이니
네 입을 크게 열라 내가 채우리라 하였으나
(시편 81:10)

평범한 사람들이 포착할 수 없는 놀라운 순간을 전문 사진작가들은 포착하는 능력을 갖추고 있다. 흰눈썹황금새 어미가 먹이를 물고 왔을 때 그것을 받아먹으려고 입을 크게 벌리고 있는 순간을 사진작가이신 집사님 한 분이 포착하여 찍은 작품 사진이다. 이 사진을 보았을 때 떠올랐던 말씀이 시편 81편 10절 말씀이다.

하나님께서는 이스라엘 백성을 출애굽 시킨 여호와이시기 때문에 이스라엘 백성에게 '네 입을 크게 열라'라고 말씀하셨다. 애굽이 아닌 새로운 공간인 가나안 땅을 열어주시고, 노예가 아닌 택하신 백성으로 새 역사를 열어 주시는 여호와 하나님께서 채우실 것이기 때문에 반드시 그리고 충분히 그 입을 크게 열 수 있는 존재가 '우리'라는 사실을 다시 한번 깊이 깨닫게 되었다.

예수님께서는 불신으로 닫힌 우리들의 입을 하늘 아버지를 향해 크게 열 수 있도록 도와주시기 위해 친히 오셨다. 그리고 우리들을 향해서도 친히 말씀하신다. '에바다:열리라'(마가복음 7:34). 기대감을 상실한 채로 굳게 닫혀 있는 입을 하늘 아버지를 향해 다시 크게 열고 살아가는 삶이야말로 강력한 **'하나님 나라 숨·비'**이다.

#당신은 오늘 하루,

☐ 하나님 아버지를 향해 신뢰도, 기대감도 없이 입을 꽉 닫은 채로 살았는가?

☐ 하나님 아버지께서 채워주실 것들을 기대하며 입을 크게 연 채로 살았는가?

● **내가 발견한 하나님 나라 숨·비 감사 제목**

_____

_____

_____

〈영상으로 보기〉

넘사벽을 향해 활시위를 당기다

내 손을 가르쳐 싸우게 하시니
내 팔이 놋 활을 당기는도다
(시편 18:34)

미국 뉴욕에 있는 메트로폴리탄 박물관에 가면 그리스 헬라 제국에 관한 다양한 작품을 볼 수 있다. 그 가운데 하나가 그리스 신화에 나오는 헤라클레스가 청동으로 된 부리와 발톱, 수많은 날개를 가진 식인 새 '스팀팔로스'Stymphalian birds를 향해 활시위를 겨누고 있는 인상적인 작품이다. 이 작품을 보면서 다윗이 고백했던 시편 말씀을 떠올리게 되었다.

들판에서 양을 키웠던 목동 다윗이 보통 사람이라면 다룰 수 없는 놋 활을 당길 수 있는 실력자로 부상케 하신 하나님의 능력을 찬양하는 부분이다. 여기서 '가르쳐'는 '자극을 주기 위해 뾰족한 막대기로 찌르면서 훈련한다.'라는 뜻으로, 구체적으로 개입하사 '넘사벽'을 넘어 승리케 하시는 하나님을 묘사해 준다.

예수님으로 말미암아 평범한 사람들이었던 제자들이 놋 활을 당기는 특별한 사람들로 변화되어 천하를 호령했던 역사가 우리들을 통해 다시 재현될 수 있어야 하겠다. 헤라클레스의 이야기는 신화이지만 다윗과 예수님 그리고 예수님의 제자들 이야기는 실화이다. 이 땅에서 하나님 나라의 스토리가 신화가 아닌 실화가 되도록 하는 것이야말로 강력한 **'하나님 나라 숨·비'**이다.

#당신은 오늘 하루,

☐ 일반적인 활조차 당기기 힘들어 버거운 삶을 살았는가?

☐ 특별한 용사만이 당길 수 있는 놋 활을 당기는 강력한 승리의 삶을 살았는가?

● 내가 발견한 하나님 나라 숨·비 감사 제목

_____

_____

_____

〈영상으로 보기〉

재난 한복판에서 하늘 희망을 쏘다

여호와의 말씀이니라 너희를 향한 나의 생각을 내가 아나니
평안이요 재앙이 아니니라
너희에게 미래와 희망을 주는 것이니라
(예레미야 29:11)

뉴질랜드 크라이스트처치에서 이민 목회 사역을 하던 2010년 6.5와 2011년 7.0 규모의 강진을 두 차례 경험하였다. 아스팔트들이 엿가락처럼 휘어지고 뒤틀려 도시 전체가 엉망진창인 상황에서 아내와 함께 육개장을 끓여 무너진 삶의 터전에 주저앉아 망연자실해 있는 성도들을 방문하여 위로의 사역을 했다. 그때 그분들에게 들려주었던 위로의 메시지가 예레미야의 말씀이었다.

인생에 몰아친 고난의 한복판에서도 '우리를 향한 하나님의 궁극적인 계획은 평안이요, 미래에 대한 소망을 주시는 것이다.'라는 말씀은 참으로 우리 모두에게 큰 위로가 되었다. 그렇다. 갑자기 삶의 터전이 갈라져 우리의 모든 것을 다 삼켜 버린다 해도 우리는 욥처럼 고백할 수 있는 사람들이다. " … 나의 대속자가 살아 계시니 마침내 그가 땅 위에 서실 것이라"(욥기 19:25)라고 말이다.

예수님께서 이 세상에 오셔서 가르쳐 주셨던 교훈이 바로 이것이다. " … 세상에서는 너희가 환란을 당하나 담대하라. 내가 세상을 이기었노라"(요 16:33) 끊임없이 요동치는 이 세상 한복판에서 약속의 말씀 붙들고 견고한 믿음의 반석 위에 서 있기에 세상의 그 어떤 것도 우리를 무너뜨리거나 삼켜 버릴 수 없는 삶이야말로 강력한 **'하나님 나라 숨·비'**이다.

#당신은 오늘 하루,

☐ 고난과 재난으로 얼룩진 삶의 현장에 주저앉아 불평과 절망을 쏟아붓는 삶을 살았는가?

☐ 고난과 재난 너머에서 우리를 향한 평안과 소망을 보여 주시는 하나님으로 인해 감사하며 기대하는 삶을 살았는가?

● 내가 발견한 하나님 나라 숨·비 감사 제목

_____

_____

_____

〈영상으로 보기〉

예물 된 삶을 살아내다

그러므로 형제들아 내가 하나님의 모든 자비하심으로
너희를 권하노니 너희 몸을 하나님이 기뻐하시는
거룩한 산 제물로 드리라 이는 너희가 드릴 영적 예배니라
(로마서 12:1)

추수 감사 주일을 맞아 성도들이 정성껏 준비한 아름답고 탐스럽게 익은 과일들이 성단을 장식하는 재료로 쓰임 받을 수 있었다. 똑같은 과일이지만 하나님께 드려졌기 때문에 거룩한 예물로 구분되었다. 마치 성직자가 예배와 성찬을 집례하기 위해 입는 옷이 거룩한 성의로 구분되는 것처럼 말이다.

로마서 12장에서 우리들이 날마다 살아가는 삶이 이와 같아야 함을 말씀해 주셨다. 우리들도 세상 사람들이 보기에는 똑같은 인간처럼 보이지만 하나님에서 기뻐하시는 거룩한 산 제물로 하나님께 드려진 존재이기 때문에 성도라고 불린다. 내가 하나님께 드려진 구별된 존재라는 정체성을 갖고 살 때 우리 삶은 이전과는 다른 차원의 삶으로 변화되는 변곡점을 맞이하게 된다.

예수님께서 이 땅에 오셔서 우리에게 주신 소중한 선물 가운데 하나가 하나님에서 의롭다고, 심지어는 완전한 자라고 칭찬해 주셨던 사람들이 공통으로 갖고 있는 특징인 예물 된 삶을 살아가는 것을 가능케 하신 것이다. 이 세상 한복판에서 하나님의 기쁨인 예물 된 삶을 살아가는 것이야말로 강력한 **'하나님 나라 숨·비'**이다.

당신은 오늘 하루,

☐ 하나님과는 아무 상관없는 나만의 삶을 살았는가?

☐ 하나님께서 기뻐 받으시는 예물 된 삶을 살았는가?

● **내가 발견한 하나님 나라 숨·비 감사 제목**

_____

_____

_____

〈영상으로 보기〉

숨·비 바당 7

"회복"

상처입은 치유자로 회복되다

야곱아 어찌하여 네가 말하며 이스라엘아 네가 이르기를
내 길은 여호와께 숨겨졌으며 내 송사는 내 하나님에게서
벗어난다 하느냐 … 오직 여호와를 앙망하는 자는
새 힘을 얻으리니 독수리가 날개치며 올라감 같을 것이요
달음박질하여도 곤비하지 아니하겠고
걸어가도 피곤하지 아니하리로다
(이사야 40:27-31)

2015년 제주영락교회 담임목사 청빙을 위한 과정에서 목회 비전을 제시하는 것이 있는데 그중 하나가 이것이다.

"상처 입은 성도들 마음의 '독을 수리'하여 그들로 하여금 하나님 나라의 비전을 향해 날아오르는 '독수리'들이 되게 하겠습니다."

하나님께서 이사야 선지자를 통해 바벨론 포로 생활 가운데 지치고 상한 이스라엘 백성의 마음을 친히 위로하시며 들려주신 말씀이 이사야 40장이다. 창공을 향해 위엄있게 날아오르며 강한 날개를 펴면 아무리 강한 대적이라도 쓰러뜨릴 수 있는 독수리가 된다. 연약한 우리이지만 독수리처럼 강한 날개를 새롭게 돋아나게 하시겠다는 약속의 말씀이다.

예수님께서 이 세상에 오셔서 행하셨던 사역 가운데 하나도 상하고 깨진 마음의 독을 수리하신 것이었다. 따뜻한 품으로 우리를 안으시는 하나님, 사랑의 손길로 우리를 어루만져 주시는 예수님으로 인해 깨어진 마음의 독, 공동체의 장독대를 수리할 때 하나님 나라 그 권세와 영광을 선포하는 독수리들로 높이 비상할 수 있게 되는 것이야말로 강력한 **'하나님 나라 숨·비'**이다.

#당신은 오늘 하루,

☐ 밑 빠진 독에 물 붓는 인생을 살았는가?

☐ 수리된 독에 하나님 나라 비전을 담고 독수리같이 비상하는 삶을 살았는가?

● **내가 발견한 하나님 나라 숨·비 감사 제목**

_____

_____

_____

〈영상으로 보기〉

영적 초보를 탈피하다

여호와께서 그들 앞에서 가시며
낮에는 구름 기둥으로 그들의 길을 인도하시고
밤에는 불 기둥을 그들에게 비추사
낮이나 밤이나 진행하게 하시니
(출애굽기 13:21)

요즘은 초보 운전자들이 초보임을 표시하는 방법도 다양해졌다. 그 가운데 매우 인상적인 표현이 '극한 초보'라는 문구였다. 그런데 이 극한 초보를 설명하는 문구 "엑셀인가? 브레이크인가?"를 보면서 많은 생각을 하게 되었다. 속도를 내기 위해 밟아야 할 엑셀과 멈춰야 할 때 밟아야 할 브레이크가 구분이 안 되는 위험천만한 초보 운전자의 마음이 문구 안에 녹아 있음을 느낄 수 있었다.

이스라엘 백성은 광야 여정 가운데서 하나님께서 가라고 명령하셔서 엑셀을 밟아야 할 때인지 멈춰서라 말씀하셔서 브레이크를 밟아야 할 때인지를 구분하지 못했다. 구름 기둥과 불기둥을 통해 손수 교통 정리를 해 주셨음에도 그들은 결국 그것을 깨닫지 못해 약속의 땅 가나안에 들어가지 못하고 광야에서 생을 마감하고 말았다.

예수님께서 가라고 하실 때와 멈춰서라 하실 때를 구분하지 못했던 제자들처럼 오늘 우리도 이 중요한 사실을 분별하지 못해 영적인 '극한 초보' 상태를 답습하고 있지는 않는가! 이렇게 매일 제자리걸음만 하는 제자들이 모여 사는 마을이 '제자~리里'라고 한다. 극한 초보를 탈피해 갈 때와 멈춰 설 때를 구별하는 삶이야말로 강력한 **'하나님 나라 숨·비'**이다.

#당신은 오늘 하루,

☐ 영적 분별력을 잃은 채로 광야 주변만 맴도는 방황하고 정체된 육신에 속한 삶을 살았는가?

☐ 영적 분별력을 갖고 성장해 가는 영에 속한 삶을 살았는가?

● **내가 발견한 하나님 나라 숨·비 감사 제목**

_____

_____

_____

〈영상으로 보기〉

경건의 능력을 회복하다

경건의 모양은 있으나 경건의 능력은 부인하니
이 같은 자들에게서 네가 돌아서라
(디모데후서 3:5)

제주 서귀포에 가면 아시아에서 손꼽히는 폭포 가운데 하나인 '엉또 폭포'가 있다. 폭포에서 엄청난 폭포수가 떨어지는 동영상을 보고 엉또 폭포의 장관을 보기 위해 설레는 마음으로 현장에 도착했다. 그러나 물 한 방울 떨어지지 않는 엉또 폭포를 보고 망연자실할 수밖에 없었다. 알고 보니 비가 많이 온 후에 가야 엉또 폭포의 진가를 볼 수 있다는 것이다.

사도 바울은 우리가 하나님의 자녀로, 예수님의 제자로 살면서 경건의 모양은 갖추고 있지만 정작 그 능력은 전혀 보이지 않고 살기 때문에 마치 예수님을 부인했던 베드로의 모양새로 살아갈 수 있다는 것이다. 우리는 이제 이런 죽은 행실과도 같은 종교적인 삶에서 진정으로 돌아서야 한다.

예수님께서 이 세상에 오셔서 보여 주신 것이 무엇이었나? 세례받으실 때 열렸던 하늘 문으로부터 우리에게 하나님 나라의 권능의 폭포수를 부어 주심이 아니었던가! 하늘 문을 여시고 우리에게 공급해 주시는 이 은혜의 물줄기를 부음 받을 때 비로소 우리를 통해 하나님 나라의 참된 생명의 역사가 일어나게 된다는 사실이야말로 강력한 **'하나님 나라 숨·비'**이다.

#당신은 오늘 하루,

☐ 경건의 능력을 부인하며 살았는가?

☐ 하나님 나라 경건의 능력을 드러내며 살았는가?

● 내가 발견한 하나님 나라 숨·비 감사 제목

_____

_____

_____

〈영상으로 보기〉

죽음의 바다에서 생명으로 부상하다

그가 내게 이르시되 이 물이 동쪽으로 향하여 흘러
아라바로 내려가서 바다에 이르리니
이 흘러 내리는 물로 그 바다의 물이 되살아나리라
(에스겔 47:8)

이스라엘 성지 순례 여정에서 빠지지 않는 것 가운데 하나가 '사해'에서 몸을 담그는 일일 것이다. 2019년 성도들과 함께 이스라엘 성지 순례를 갔을 때의 일이다. 하마터면 방문하지 못할 수도 있었던 사해에 도착해 벅찬 가슴으로 사해에 뛰어들었다. 순간, 몸이 바다 위에 둥둥 떠 있는 모습을 보면서 신기함을 감출 수 없었다.

새벽 기도회를 마치고 에스겔 47장 말씀을 묵상하는 중에 우리 삶의 근본적인 문제가 '죽~어'(죽음의 영, 어둠의 영)인 것을 깨닫게 하셨다. '창조주 하나님의 생기, 구속주 예수님의 보혈, 견인주 성령님의 생수가 흘러 들어올 때'(에스겔 47:1~2) 죽음의 바다인 사해에 '살~아'(살리는 영, 아들의 영)의 역사가 일어날 수 있음을 보게 하셨다.

예수님께서 오셔서 사역하셨던 주 무대 가운데 하나인 갈릴리 바다는 이스라엘의 식수 문제를 해결해 줄 뿐만 아니라 그 안에 숨겨져 있는 각종 자원은 이스라엘을 살리는 보고로 알려져 있다. 예수님께서 우리 인생의 바다에서 사역하시므로 '죽~어'의 흑역사에서 '살~아'의 광명의 역사로 다시 일어나는 것이야말로 강력한 **'하나님 나라 숨·비'**이다.

#당신은 오늘 하루,

☐ 사해처럼 '죽~어' 살았는가?

☐ 하나님께서 흘려보내 주신 '살~어'의 회복 가운데 살았는가?

● 내가 발견한 하나님 나라 숨·비 감사 제목

_____

_____

_____

〈영상으로 보기〉

견고하고 영원한 피난처 안에 머물다

내가 너로 이 백성 앞에 견고한 놋 성벽이 되게 하리니
그들이 너를 칠지라도 이기지 못할 것은
내가 너와 함께 하여 너를 구하여 건짐이라
여호와의 말씀이니라
(예레미야 15:20)

튀르키예로 성지 순례를 갔을 때 현재는 이스탄불이라고 불리는 예전 동로마 비잔틴 제국의 수도 콘스탄티노플의 함락에 관한 이야기를 듣게 되었다. 천혜의 요새였기 때문에 함락되리라고는 상상도 못 했던 콘스탄티노플은 헝가리 사람이 만든 '우르반 대포' 때문에 이슬람 제국에 의해 허무하게 함락되고 말았다.

아무리 강력하고 영원할 것 같은 것들도 결국 무너지고 만다는 교훈과 그러하기에 영원하고 견고한 피난처와 산성 되신 하나님 품 안에서 살아야 함을 깨닫게 하셨다. 하나님께서는 예레미야 선지자를 통해 우리를 놋 성벽처럼 견고하게 하사 최후의 승리자가 되게 하신다고 약속해 주셨기 때문이다.

예수님께서 이 세상에 오셔서 구축해 놓으신 하나님 나라의 전초 기지가 바로 이와 같은 것이리라! 종교개혁자 마르틴 루터의 고백이 담겨 있는 찬송가 585장의 가사처럼 "내 주는 강한 성이요 방패와 병기 되시니 큰 환난에서 우리를 구하여 내시리로다" 장망성 같은 이 세상에서 영원히 견고한 성안에서 살아가는 삶이야말로 강력한 **'하나님 나라 숨·비'**이다.

#당신은 오늘 하루,

☐ 결국 무너질 사상누각 같은 삶을 살았는가?

☐ 영원히 무너지지 않을 견고한 피난처이신 하나님의 품 안에서 살았는가?

● **내가 발견한 하나님 나라 숨·비 감사 제목**

_____

_____

_____

〈영상으로 보기〉

숨·비 바당 8

"누림"

끊임없이 밀려오는 사랑의 파도를 타다

이스라엘 하나님의 영광이 동쪽에서부터 오는데
하나님의 음성이 많은 물소리 같고
땅은 그 영광으로 말미암아 빛나니
(에스겔 43:2)

제주는 곳곳에서 물소리를 들을 수 있다. 가끔 폭포에서 떨어지는 물소리를 듣고 있으면 답답한 가슴이 시원하게 뻥 뚫리기도 한다. 그리고 무엇보다 제주 바다의 파도 소리는 항상 많은 것을 깨닫게 해준다. 파도가 없다면 바다는 쓰레기장이 되고 말 것이다. 파도로 인해 청정 바다를 유지할 수 있게 된다.

성전에서 떠나심으로 이름만 성전에 불과했던 그곳에 에스겔 선지자를 통해 성전 회복의 새 역사를 보여 주실 때 하나님의 임재하심이 '많은 물소리'로 표현됨을 볼 수 있다. 그로 인해 이제 그곳은 다시 하나님의 영광으로 충만했고 어둠에 눌려 있던 환경에서 빛을 뿜어내는 역사를 회복하게 되었다.

예수님께서 이 세상에 오셔서 요한복음 7장 38절에서 '나를 믿는 자는 성경에 이름과 같이 그 배에서 생수의 강이 흘러나오리라'라고 약속해 주셨다. 끊임없이 밀려오는 파도 소리와 백마가 달리는 것 같은 파도의 흰 포말 같은 하나님의 임재하심과 그 장엄하신 음성으로 인해 날마다 새롭게 회복되는 것이야말로 강력한 **'하나님 나라 숨·비'**이다.

#당신은 오늘 하루,

☐ 그저 파도를 보기만 하는 삶을 살았는가?

☐ 하나님께서 보여 주신 바다의 파도 같은
　은혜와 긍휼에 잠겨 살았는가?

● **내가 발견한 하나님 나라 숨·비 감사 제목**

_____

_____

_____

〈영상으로 보기〉

37일

위로부터 공급해 주시는 것으로 살아가다

온갖 좋은 은사와 온전한 선물이
다 위로부터 빛들의 아버지께로부터 내려오나니
그는 변함도 없으시고 회전하는 그림자도 없으시니라
(야고보서 1:17)

휴가 중 남이섬을 방문했을 때 아내의 강권으로 집와이어를 타는 경험을 하게 되었다. 약간의 고소공포증을 가지고 있는 터라 상당히 긴장되었다. 그러나 막상 집와이어를 타고 출발하니 두려움은 사라지고 흥미진진한 새로운 경험을 할 수 있게 되었다. 강과 나무 위를 가로질러 건너편에 착지하는 순간은 배를 타고 들어가 남이섬에 도착했을 때와는 전혀 다른 느낌을 경험할 수 있었다.

그때 얻은 깨달음은 야고보서 1장 17절 말씀처럼 이 땅에 살면서 땅에 속한 방식으로 땅의 것만을 추구하는 삶이 아니라 하나님 아버지께서 위로부터 공급해 주시는 것들을 추구해야 한다는 도전이었다. 그때부터 이전과는 전혀 다른, 이전에는 경험해 보지 못했던 영적 차원이 열리게 된다는 것을 말이다.

요한복음 3장 31절에서 세례 요한을 통해 들려주신 "위로부터 오시는 이는 만물 위에 계시고 땅에서 난 이는 땅에 속하여 땅에 속한 것을 말하느니라"라는 말씀처럼 예수님도 위로부터 우리에게 다가오셔서 새로운 차원을 친히 열어 주셨다. 땅에 속한 자에서 위로부터 하늘에 속하여 하늘의 것을 추구하는 삶으로 전환하는 것이야말로 강력한 **'하나님 나라 숨·비'**이다.

#당신은 오늘 하루,

☐ 땅에 속한 자로 땅에 속한 것을 말하며 그것들을 추구하며 살았는가?

☐ 예수님이 전해 주신 위로부터 오는 것을 구하며 하늘에 속한 자로 살았는가?

● **내가 발견한 하나님 나라 숨·비 감사 제목**

_____

_____

_____

〈영상으로 보기〉

하늘 슬기로 위풍당당하게 살아가다

가슴 속의 지혜는 누가 준 것이냐
수탉에게 슬기를 준 자가 누구냐
(욥기 38:36)

채희대 「한라산 수탉」

취미 삼아 옥수수 껍질로 그린 그림이 엄격한 블라인드 심사 기준에 의해 제주예술재단의 지원을 받아 개인전을 연 집사님이 계신다. 이 집사님 그림의 상징은 '수탉'이다. 수탉의 그림을 보며 '위풍당당'이라는 사자성어를 생각하게 된다. 고난 가운데도 움츠러들지 않고 이 세상에서 위풍당당하게 살 수 있는 길은 하나님께서 부어 주시는 하늘의 슬기를 머금는 것이다.

자신이 직면한 엄청난 고난으로 인해 고통 가운데 부르짖으며 그 해답을 찾아 헤매던 욥에게 임재하신 하나님께서 들려주셨던 말씀 '수탉에게 슬기를 준 자가 누구냐'(욥 38:36)라는 말씀을 이 대목에서 묵상해 본다. 도대체 해석되지 않는 삶, 갇혀 있는 미로에서 탈출해야 하는데 도무지 출구가 보이지 않는 상황에서 필요한 것이 하나님께서 주시는 슬기였다.

예수님은 베드로의 배반을 예고하시면서 닭을 등장시키셨고 베드로는 이로 인해 통곡하게 되었다. "이에 베드로가 예수의 말씀에 닭 울기 전에 네가 세 번 나를 부인하리라 하심이 생각나서 밖에 나가서 심히 통곡하니라"(마태복음 26:75). 우리들을 일깨워주는 하늘 '슬기'를 품고 넘어져도 다시 일어나 위풍당당하게 살아가는 삶이야말로 강력한 **'하나님 나라 숨·비'**이다.

#당신은 오늘 하루,

□ 세상의 슬기가 전부인 줄 알고 결국 움츠러든 삶을 살았는가?

□ 하나님이 공급하시는 슬기를 머금고 위풍당당하게 살았는가?

● 내가 발견한 하나님 나라 숨·비 감사 제목

_____

_____

_____

〈영상으로 보기〉

하늘 자원을 보존하다

마리아는 지극히 비싼 향유 곧 순전한 나드 한 근을 가져다가
예수의 발에 붓고 자기 머리털로 그의 발을 닦으니
향유 냄새가 집에 가득하더라
(요한복음 12:3)

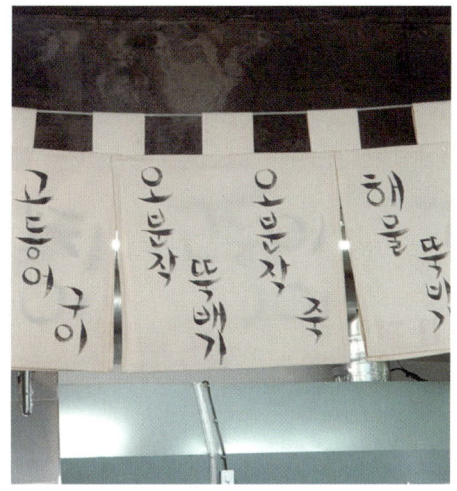

언젠가 제주시에서 조금 벗어난 지역의 식당에 갔는데 옛 추억의 단어가 씌어 있는 메뉴판을 보았다. 현재의 전복과는 또 다른 '오분작'이라는 단어였다. 아주 오래전 제주 여행을 왔을 때 아주 맛있게 먹었던 음식이 오분작 찌개였다. 그러나 최근에는 오분작이 거의 소멸되어 오분작으로 음식을 만드는 식당은 찾아보기 어렵다.

하나님께서 우리에게 주신 소중한 자원들이 있다. 이것들을 잘 보존하는 일은 정말 필요하고 마땅히 감당해야 할 우리들의 사명이다. 뉴질랜드는 수산 자원을 보존하는 일에 엄청난 공을 들이는 것을 볼 수 있었다. 전복만 해도 13.5cm 이하의 크기를 채취하면 큰 금액의 벌금을 부과한다. 그래서인지 뉴질랜드 바닷속을 다이빙해서 살펴보면 많은 전복이 쌓여 있는 것을 볼 수 있다.

옥합을 깨뜨려 향유를 부어 예수님의 장례를 준비하였다고 칭찬받았던 여인도 결정적일 때까지 향유 옥합을 잘 보존했다(요한복음 12:7). 우리에게 허락해 주셨던 소중한 열정, 헌신 …. 소멸하지 않도록 우리들이 보존해야 할 하나님 나라의 자원들이다. 결정적인 카이로스를 위해 우리에게 주신 하늘 자원을 보존하며 살아가는 삶이야말로 강력한 **'하나님 나라 숨·비'**이다.

#당신은 오늘 하루,

☐ 하나님께서 주신 소중한 하늘 자원을 허랑방탕하게 허비하며 살았는가?

☐ 하나님 나라를 위해 결정적으로 사용할 때를 위해 잘 보존하며 살았는가?

● **내가 발견한 하나님 나라 숨·비 감사 제목**

_____

_____

_____

〈영상으로 보기〉

40일

부르에 눌린 채로 살지 않고
부림을 누리며 살아가다

… 부르 곧 제비를 뽑아 그들을 죽이고 멸하려 하였으나 …
정한 기간에 이 부림일을 지키게 하였으니 …
(에스더 9:24, 31)

제주 하면 귤 농사를 떠올리게 된다. 예전에는 귤나무 한 그루로 자녀의 대학 학비를 벌었다는 말도 있었다고 한다. 지인의 귤 농장에 가보았는데 처음 보는 기계가 있어 그 용도를 물어보았더니 '선과기'라고 한다. 수확한 귤을 이 기계에 통과시키면 크기에 따라 자동으로 구분이 되어 상품 가치가 있는 귤과 상품으로는 적합하지 않은 귤로 구분이 된다는 것이다.

에스더서에 보면 뽑힘으로 인해 절망에서 희망으로 교차함을 볼 수 있다. 대적 하만에 의해 대학살의 부르에 제비 뽑혔으나 "이 달 이날에 유대인들이 대적에서 벗어나서 평안함을 얻어 슬픔이 변하여 기쁨이 되고 애통함이 변하여 길한 날이 되었으니… 잔치를 베풀고 즐기며 서로 예물을 주며 가난한 자를 구제하라"는 에스더 9장 22절 말씀처럼 희망의 부림절로 누리며 살게 되었다.

예수님 때문에 우리에게도 이런 놀라운 반전이 가능하게 되었다. "그들이 예수를 십자가에 못 박은 후에 그 옷을 제비 뽑아 나누고"(마태복음 27:35). 예수님이 제비 뽑히심으로 영적인 즐거운 교환을 통한 부림을 누리게 하셨기 때문이다. 부르에 눌린 채로 고통과 절망의 캡슐에 갇힌 삶에서 자유롭게 하는 부림을 누리며 사는 삶이야말로 강력한 **'하나님 나라 숨·비'**이다.

#당신은 오늘 하루,

☐ 고통과 절망의 부르에 눌린 채로 살았는가?

☐ 회복과 희망의 부림을 누리며 살았는가?

● 내가 발견한 하나님 나라 숨·비 감사 제목

_____

_____

_____

〈영상으로 보기〉

하나님 나라 숨·비 40일
출석 점검표

1	/	2	/	3	/	4	/	5	/
6	/	7	/	8	/	9	/	10	/
11	/	12	/	13	/	14	/	15	/
16	/	17	/	18	/	19	/	20	/
21	/	22	/	23	/	24	/	25	/
26	/	27	/	28	/	29	/	30	/
31	/	32	/	33	/	34	/	35	/
36	/	37	/	38	/	39	/	40	/